Résilience

Des mots pour surmonter les maux

Hanna Anthony

@relation_textuelle

Copyright © 2023 Hanna Anthony

Tous droits réservés.

ISBN : 9798395127983

À tous mes fabuleux et fabuleuses abonné.es, sans qui ce recueil n'existerait pas.

À tous ceux et celles qui, un jour, se sont senti.es comme moi, hypersensibles, vulnérables, fatigué.es, mais qui ont toujours la volonté d'avancer coûte que coûte.

À tous ceux et celles qui me lisent.

Avant-propos

Ce livre est un ovni littéraire. Pour une fois que je m'auto-édite, j'ai envie de m'affranchir des contraintes de la littérature traditionnelle et des maisons d'édition. *Résilience* est donc un mélange entre le récit, avec des anecdotes vécues, parfois même intimes, le développement personnel à travers des conseils, et la poésie, avec quelques phrases disséminées çà et là, portées par un certain lyrisme.

Je ne suis ni psychologue ni coach, alors mes encouragements et mes points de vue vaudront ce qu'ils vaudront. Parfois, ils pourront paraître succincts ou très simples, voire banals. Cependant, à mes yeux, le développement personnel est une répétition, un martèlement intérieur qui mène à une prise de conscience progressive et à une évolution au fil du temps.

C'est au cours de ma propre vie, de mes nombreuses expériences, pas toujours florissantes, que j'ai appris. Fascinée par la psychologie et les comportements humains, j'ai essayé d'analyser mes faits et gestes et la manière dont ils menaient à des « échecs » ou des résultats insatisfaisants au regard de mes espérances, mais aussi les conséquences de mes interactions avec les autres. J'ai décortiqué mes émotions pour pouvoir les gérer avec plus d'aisance, les mettre à distance sans pour autant les occulter, et éviter de me laisser submerger pour vivre « les maux du quotidien » avec plus de sérénité.

Ayant été une enfant sauvage et timide, qui peinait à aller vers mes pairs, je me suis longtemps sentie laide et différente.

Harcelée par mes camarades de classe pendant deux ans au collège, j'ai eu du mal à me réconcilier avec moi-même et mon image durant des années. Naturellement, je suis devenue une femme peu assurée, dont certaines personnes malveillantes ont profité.

Avide d'amour, j'ai été prête à tout pour être aimée, quitte à renier mes propres besoins.

Par désir de plaire, j'ai trop donné aux autres, sans relâche, jusqu'à m'épuiser.

J'ai été une femme qui doute, engluée dans sa propre culpabilité, *celle d'exister.*

J'ai souffert tant et tant, que j'ai voulu mourir parfois.

J'ai cru ne jamais me relever, ne jamais guérir de certaines blessures, des rejets successifs, des déceptions acerbes, ou certaines ruptures amoureuses qui me semblaient alors insurmontables.

J'ai cru à la fatalité et à l'immuabilité de certaines choses, que rien ne changerait jamais et que je resterai cette femme fragile pour l'éternité, piétinée par ses pairs, mal aimée, et que, peut-être étais-je abîmée pour toujours ?

Et puis j'ai mis le doigt sur mes « failles » et leurs conséquences : des schémas répétitifs, de l'auto-sabotage, de la dévalorisation de soi. J'ai pris du recul, j'ai analysé.

J'ai pris soin de moi.

Je me suis endurcie.

J'ai commencé à m'aimer.

Et ainsi est venu le désir de partager mes expériences.

Ce recueil s'adresse aux femmes comme aux hommes. Bien que la plupart des anecdotes personnelles mettent en scène des hommes (dont les prénoms ont été modifiés), il n'y a aucune volonté de ma part de blâmer le sexe masculin. Au contraire, ces histoires, schémas et comportements peuvent être vécus ou éprouvés par les hommes comme les femmes. Simplement, étant hétérosexuelle, ma vie amoureuse et affective a été jalonnée par les rencontres avec le sexe opposé. De fait, j'ai essayé de pratiquer l'écriture inclusive au maximum, sans pour autant altérer l'expérience de lecture.

Ce recueil ne se lit pas forcément de manière linéaire, mais il raconte une histoire.

L'histoire des premiers émois, naïfs et profonds, l'urgence à aimer et à être aimé, la déception, la rupture, les déconvenues diverses du quotidien et puis la conscience de la nécessité de *cultiver l'amour de soi* pour développer des relations épanouissantes et vivre plus sereinement.

Notre destin n'est pas scellé et déterminé par les déconvenues et les « erreurs » passées, mais par *ce que nous faisons de notre présent,* pour maintenant et pour demain.

Se rencontrer. Aimer. Être aimé.e. S'élever. Vivre. Exister. Avancer. Se quitter. Tomber. Souffrir. Toucher terre. Se relever. Oublier la douleur. Conserver la luminosité des moments passés. Guérir. Espérer de nouveau. Se tromper. Échouer. Vivre.

S'aimer.

Aimer.

L'écran d'un portable que l'on fixe, à s'en brouiller la vie, comme une imploration, avec un espoir secret au fond du cœur : celui de voir apparaître *son prénom*.

La bienveillance et l'empathie représentent pour le cœur ce que le soleil et la pluie sont à la fleur. Elles aident à s'ouvrir.

Espérer que les mains s'effleurent, que les lèvres se cherchent, que les corps se fondent...

Faire confiance au destin. Ce qui doit arriver *arrivera*.

Cette petite phrase, toute simple, presque bateau est mon mantra.

Superstition ou pas, je me suis toujours raccrochée au fait que, si une chose souhaitée ne se produit pas, c'est parce qu'elle n'était pas censée arriver ou exister et qu'il faut donc faire confiance au destin : les choses qui se produisent se produisent pour une raison, et celles qui ne se produisent pas obéissent à la même logique. Évidemment, c'est un moyen de se rassurer. Mais ce postulat m'a toujours aidée à digérer les déceptions, à encaisser les échecs de manière plus sereine. Elle enraye assez efficacement les ruminements ou les incessantes questions sur « Pourquoi est-ce arrivé ? », « Pourquoi n'ai-je pas eu ce que je voulais ? ».

J'ai aussi la conviction qu'on tire un enseignement de tout, même des expériences que l'on considère comme « négatives ». Par le passé, je me suis toujours demandé pourquoi j'avais vécu tel événement, quelle était sa raison d'être si finalement, je n'avais pas ce que je souhaitais ? Pourquoi avais-je dû emprunter ce chemin épineux pour... échouer ? À quoi cela avait-il rimé ? Il pouvait s'agir d'une relation amoureuse qui avait dégénéré, ou d'une relation professionnelle qui se soldait par une insatisfaction. À chaque fois, il y avait quelque chose à en tirer : cet événement que je considérais comme stérile, néfaste, m'avait amenée à vivre ou expérimenter quelque chose de « mieux » ou avait encore constitué un tremplin, l'élément déclencheur vers une nouvelle expérience positive.

Par exemple, une relation amoureuse qui se termine en catastrophe peut être à l'origine de la conviction qu'on a « perdu son temps ». Cependant, à mes yeux, on apprend toujours quelque chose de ce temps passé. Mes relations amoureuses avortées m'ont probablement appris à être plus vigilante quant à certains signaux d'alerte.

Un autre exemple similaire a eu lieu récemment. J'ai passé

plusieurs années à travailler un manuscrit, en dépit de différents blocages, d'abord sur un personnage, puis sur un tournant de l'histoire. Je me suis « acharnée ». J'ai ignoré les signaux d'alerte négatifs, le fait que le début n'emballait pas grand monde, mais aussi les difficultés que j'avais à le « pitcher » lorsqu'on me demandait d'en parler brièvement.

Finalement, ce manuscrit a été refusé. Les lecteurs et les éditeurs avaient toujours quelque chose à redire. Ça a été très difficile pour moi, je me suis dit que j'avais perdu trois ans à travailler sur ce texte, en vain. Et puis finalement, avec un peu de recul, j'ai réalisé que j'avais appris beaucoup de choses, notamment à mieux prendre en compte les blocages et la complexité d'un projet d'envergure pour éviter de continuer pour rien et de savoir renoncer quand il est encore temps pour mettre son énergie à profit d'une autre idée.

La volatilité de l'amour est effrayante. C'est pourquoi, dès qu'on s'accroche, on a peur d'être déçu.e, quitté.e. Alors on fuit, sous d'absurdes prétextes.

Aimer, c'est accepter les incertitudes.

Est-ce que cette personne ressent ce que je ressens ?

Est-ce qu'elle m'aime autant que je l'aime ?

Est-ce qu'elle pense du bien de moi ?

Est-ce qu'elle me décevra ?

Me blessera ?

Restera-t-elle à mes côtés ?

Suis-je à la hauteur ?

Le serais-je dans un an ou dans cinq ans ?

Et si cette personne me clamait son amour, mais pensait en réalité l'inverse ?

Et si cette personne me mentait ?

Pendant des années, le début de relation a été pour moi une *souffrance absolue*. Ce moment pendant lequel tout est encore incertain, avec cette impression terrible de se trouver près d'un précipice sur le seuil duquel la terre s'effrite. Soit on saute, on prend le risque : on accepte l'incertitude, la peur du futur, la peur de se montrer tel que l'on est, la peur de souffrir, d'être blessé, d'être déçu. Soit on passe son chemin. Personnellement, je craignais tant de souffrir que je préférais couper court à la relation. Et après, je m'en mordais les doigts, parce que je me disais que j'étais probablement passée à côté de quelque chose. La question « Et si... ? » me hantait.

Lorsque j'étais lycéenne, j'ai rencontré Jean-Emmanuel. Nous avons eu un coup de foudre. Je me sentais vraiment très heureuse, comme si j'étais constamment en train de marcher, ou plutôt de flotter sur un nuage. Notre histoire évoluait favorablement, tout se passait bien. Au bout de deux mois, j'ai commencé à ressentir un éloignement de sa part. Lors des récréations, il m'apercevait parfois du coin de l'œil, mais ne venait plus me solliciter. Il m'écrivait moins. J'ai pris peur, alors... je l'ai quitté. Moins de vingt-quatre heures plus tard, j'ai réalisé mon erreur : je l'avais quitté parce que j'étais *morte de trouille*. Mais en fait, ce que je redoutais se produisait. Non seulement, j'avais mal. Mais en plus, j'avais tout saboté pour rien et lui, dévasté, tombait des nues. En réalité, Jean-Emmanuel ne s'éloignait pas, il avait confiance en notre relation qui prenait son rythme de croisière. J'ai compris plus tard que je n'avais pas réussi à assumer les doutes et le risque qu'une histoire naissante peut engendrer.

Parce que l'amour implique souvent de se mettre à nu et de vivre avec l'incertitude, l'accepter, c'est se libérer de cette angoisse et se concentrer sur ce qui est réellement important : la relation elle-même et les moments partagés.

Accepter l'incertitude, c'est accepter *que les choses puissent changer à tout moment.*

C'est accepter que l'autre personne ait des besoins, des émotions différents des tiens.

C'est accepter que tu ne puisses pas tout contrôler.

C'est accepter que l'histoire puisse évoluer, mais aussi que les premiers sentiments puissent s'étioler au lieu de croître.

C'est accepter de lâcher prise.

C'est accepter que cette personne que tu côtoies n'a rien à voir avec tes histoires passées et *n'est pas semblable à ceux et celles qui t'ont fait du mal.*

Peut-être est-ce justement l'imprévisibilité qui rend une histoire si spéciale et lui confère sa magie. Si tout était écrit d'avance, ne sombrerait-on pas dans l'ennui ?

Alors, si comme moi, tu souffres de ce que j'appelle une *hypocondrie amoureuse*, si comme moi, tu as si peur que tu traques dès le début le moindre signe de fragilité, la faille la plus infime pour pouvoir te dérober et fuir, serres les dents, apprends à lâcher prise, fais confiance à ton ou ta partenaire et surtout, fais-toi confiance et remémore-toi tes qualités et le fait que, si cette personne t'a choisi et si tu l'as également choisi, il ne s'agit pas d'un hasard...

Tout ira bien.

Et si tout ne se déroule pas comme prévu, ce n'est pas grave.

C'est que ça ne devait peut-être pas arriver.

Des mois en fusion. Des jours d'extase. S'effleurer pour se brûler. L'entremêlement des odeurs. Les empreintes des caresses. Et puis, la chute.

Parfois, la personne que tu considères comme ton univers n'est qu'une étoile filante. Elle illumine ton ciel un instant, avant de te laisser fragments et poussières.

« Ce n'est pas toi, c'est moi ».

L'excuse inepte avec laquelle on m'a poignardée tant de fois.

C'est universel, les rejets, les abandons et la « fin » esquintent *toujours* le cœur. Pour ma part, quand je suis éconduite sans qu'il n'y ait vraiment de raison tangible (un défaut vraiment rédhibitoire, un comportement inacceptable), et cela arrive, j'essaie de ne pas le prendre personnellement.

Je songe aux personnes que j'ai moi-même repoussées sans pouvoir mettre le doigt sur la cause précise de mon manque d'attrait.

Je me souviens de cet homme que j'avais rencontré sur une application. Sur le papier, Jérôme avait tout pour me plaire. Vraiment tout. Je le trouvais beau, intelligent, passionnant même. Les discussions étaient riches et profondes, il était poli, respectueux. En bref, je n'avais rien à redire. Et pourtant, il me laissait indifférente, sans que je ne puisse l'expliquer de manière rationnelle.

Parfois, on ne veut pas être avec quelqu'un sans que le refus ne soit motivé par un trait de caractère ou un physique répulsif.

Alors si tu vis cette situation, ce qu'il faut retenir, souligner, te répéter et intérioriser, c'est que :

- ☐ Le problème ne vient pas de toi.
- ☐ Inutile de te remettre en question.
- ☐ Tu n'as pas à modifier quoi que ce soit chez toi.

Ce n'est pas toi.

C'est l'autre.

La fin. Ressasser ce qu'on aurait aimé lui dire. Se le formuler intérieurement. Rédiger un e-mail, un texto. Étoffer chaque phrase. Effacer.

Qui parviendra à ouvrir mon cœur sans le briser ?

Mourir d'envie de lui écrire alors qu'on a été bafoué. Juste pour assouvir le manque. Céder ou conserver sa dignité ?

Tant de fois, j'ai voulu écrire à quelqu'un qui m'avait pourtant fait du mal.

Je me retenais.

Je pianotais sur mon clavier, puis j'effaçais à la hâte.

Je résistais.

Puis parfois, je craquais.

Et je m'en voulais terriblement, convaincue que j'avais enterré ma propre dignité et que je me ridiculisais.

J'avais bien conscience de la toxicité de cette personne, mais je m'étais attachée.

Et j'étais faible parce que j'étais amoureuse.

Même si par la suite, j'ai compris que l'amour sain *n'affaiblit pas*, il galvanise, il propulse, il donne de la force.

Pour avoir analysé ce besoin d'écrire à l'autre, une démangeaison irrépressible, il me semble qu'il y a deux types de situation.

Celles où il apparaît nécessaire de conserver sa dignité et de se protéger, et les autres.

Conserver sa dignité et se protéger, c'est ne pas céder face à quelqu'un qui nous a fait du mal ou nous a manqué de respect. C'est ne pas replonger « dans la gueule du loup ».

Mais à quel prix ?

Faut-il conserver sa dignité lorsque la curiosité nous dévore ? Lorsque le besoin de « vider son sac » nous lancine ? Lorsque le souvenir nous hante ?

Ou crever l'abcès qui gonfle le cœur, qui l'alourdit ?

Peut-on vraiment faire preuve de raison lorsqu'on est encore amoureux.se ?

Longtemps, j'ai cru que je devais demeurer fière, coûte que coûte, puis j'ai compris qu'il convient simplement... de s'écouter pour s'apaiser.

Si tu n'arrives pas à avancer, si tu as besoin de dire les choses : fais-le.

Si tu cèdes une seule fois après avoir résisté pendant des semaines, ne te blâme pas.

Résiste et considère cette inflexibilité comme une victoire, tout en sachant que peut-être arrivera un moment de faiblesse au cours duquel *tu céderas.*

Chercher inlassablement à déchiffrer à travers un détail, un geste manqué, une parole déplacée, le point de bascule, la justification de l'échec.

On tente de comprendre les comportements de l'autre, les volte-face.
On veut une explication. Mais rien ne sert de chercher. Finalement,
chacun agit mystérieusement aux yeux des autres, selon des raisons
qui lui sont propres.

Tu as été déçu.e par cette personne que tu estimais.

Tu ne comprends pas.

Tu ressasses pendant des heures.

L'incompréhension te ronge à petit feu.

Tu échafaudes des hypothèses, tu recueilles, malgré toi, les indices que tu as peut-être manqués durant cette relation.

Tu te laisses envahir par les émotions, tu en parles à tes proches, tu n'arrives pas à passer à autre chose.

Tu veux *déchiffrer* les choses, coûte que coûte.

    J'ai aussi passé énormément de temps à essayer de trouver les raisons et les motivations des gens qui m'avaient fait du mal. La première fois qu'une incompréhension totale m'a envahie, j'avais douze ou treize ans. Je me promenais au club équestre lorsque j'ai croisé une fille qui ne m'adressait habituellement jamais la parole. Ce jour-là, Iris m'a demandé comment j'allais et nous avons commencé à bavarder. Surprise par sa gentillesse inattendue, j'ai passé une heure avec elle, à parler de tout et de rien. Je me sentais en confiance, j'étais ravie d'avoir peut-être trouvé une nouvelle alliée. Soudain, Iris m'a poussée, puis crachée dessus. Elle a ensuite renversé la tête en arrière et s'est fendue d'un rire interminable. J'étais stupéfaite par le retournement de situation. Je n'ai jamais compris le comportement d'Iris.

    Dans ma vie amoureuse, je me rappelle d'Arthur, le meilleur ami d'une de mes proches. Dès la première rencontre, le courant est passé entre Arthur et moi. Notre soirée à arpenter les quais de Seine pendant des heures un soir d'été et à se confier sur nos vies respectives et notre amour pour la littérature fut merveilleuse. Un soir, alors qu'Arthur se trouvait en déplacement professionnel, nous avons échangé par messages, comme presque chaque jour. Cette fois-ci, un sujet nous opposait, nous n'avions pas le même point de vue, ce qui était pour moi l'occasion d'exposer nos arguments respectifs et de débattre avec respect. Mais Arthur s'est renfermé. Le lendemain, il m'a écrit, mais son ton était glacial.

Quelques jours plus tard, alors qu'il s'apprêtait à rentrer, je lui ai proposé que l'on se revoie. Il ne m'a pas répondu, bien que je susse que mon message avait été lu. De plus, son statut sur les réseaux s'affichait constamment comme étant « en ligne ». Dans l'incompréhension, je lui ai donc écrit à nouveau afin de comprendre pourquoi il m'opposait ce long silence. Il ne m'a pas répondu. Je lui ai demandé de m'expliquer ce mutisme soudain. Je lui ai même dit que, s'il ne voulait plus me parler, ce n'était pas un drame, mais j'apprécierais qu'il me le dise simplement, avec honnêteté. Que les mots ne me tueraient pas. *Mais Arthur n'a plus jamais donné de nouvelles.* Je n'ai pas compris le revirement de son attitude. J'ai ruminé pendant des jours, choquée. Puis, j'ai abandonné. J'ai fini par lâcher prise et accepter que parfois, les actions des autres ne rentrent pas dans le cadre du rationnel. Et qu'il faut alors se contenter des faits, sans pouvoir aller creuser plus loin.

Une autre histoire similaire, mais dont je suis « l'élément perturbateur » cette fois-ci. En avril 2015, j'ai emménagé dans une colocation à Paris. Une complicité s'est rapidement installée entre mon colocataire, Damien, et moi. Nous échangions de plus en plus régulièrement. Petit à petit, j'ai réalisé qu'il m'attirait et la réciproque me semblait évidente. Le problème ? Je n'assumais pas, je trouvais Damien trop jeune et je sentais que nous n'avions pas le même niveau de maturité. Mais malgré tout, je ne pouvais pas m'empêcher de ressentir une forte attraction en sa présence. En bref, je n'en suis pas fière du tout, mais inconsciemment, j'ai commencé à lui envoyer des signaux contradictoires parce qu'il m'attirait et que je n'assumais pas cet attrait. Quelques mois plus tard, j'ai quitté cette colocation pour emménager dans un studio. Juste avant que je ne parte, Damien m'a prise à part et m'a confié, à demi-mot, qu'il développait des sentiments à mon égard. J'ai paniqué, et, très froide, je lui ai répondu que ce n'était pas réciproque et que j'en étais désolée. Peu de temps après, je me suis mise à sa place : qu'a-t-il dû penser de mon comportement ambigu ? De mes pas en avant puis de mes réticences ? Il n'a probablement pas compris, comme je n'ai pas compris des dizaines d'hommes que j'ai côtoyés au cours de ma vie amoureuse, ceux qui se rapprochaient de moi pour ensuite s'éloigner sans crier gare.

Un an et demi après, j'ai contacté Damien à nouveau et je lui ai avoué la vérité. Il était évidemment passé à autre chose, mais je n'avais pas envie qu'il persiste à se poser des questions ou à penser que je l'avais mené en bateau. Je ne l'ai pas fait par ego, mais parce que je sais à quel point *les comportements incohérents peuvent être traumatiques et laisser des séquelles aux personnes auxquelles ils sont infligés.*

Malheureusement, peu de gens prennent le temps de s'analyser et de comprendre leur propre conduite pour ensuite essayer de les expliquer à ceux et celles qu'ils font souffrir. Chacun a des raisons qui lui sont propres et qui influent sur la manière dont il agit. Nous avons tous des histoires de vie, des expériences et des perspectives différentes qui dirigent nos choix et nos comportements. Les personnes aux comportements inconsistants n'agissent pas ainsi sciemment, la plupart du temps, mais il n'empêche que, dans bon nombre de moments de la vie, il fait réussir à vivre avec des incompréhensions ou des mystères et laisser s'échapper ce que l'on ne comprend pas. Et le seul moyen d'y parvenir sans se consumer, c'est... de *lâcher prise.*

On se relève tous de chagrins ou de déceptions : le cœur conserve une cicatrice, mais la brèche se referme toujours.

Tu es dévasté.e.

Tu as probablement l'impression d'avoir si mal que tu as envie de mourir.

Tu penses que tu ne pourras jamais aimer quelqu'un d'autre.

Tu ne pourras plus jamais accorder ta confiance à quelqu'un.

Tu ne parviendras plus à te sentir bien avec une autre personne.

Tu ne vas pas survivre, la souffrance est trop intense.

Tu repasses sans arrêt les séquences des événements dans ta tête.

Tu sais que tu ne devrais pas, que cela te heurte, mais tu ne peux pas t'empêcher de ressasser, à la recherche de ce que tu as peut-être manqué, de signes avant-coureurs de cette rupture.

La vie te paraît insignifiante. Tu vois l'autre partout. Le fantôme des souvenirs te visite continuellement. Lorsque tu fermes les yeux, tu imagines une réconciliation ou un enchaînement des faits différents, qui aboutirait à une fin heureuse et non au cauchemar que tu vis actuellement.

À chaque fois que j'ai vécu une rupture amoureuse, j'ai eu le sentiment que j'allais *en mourir*. Je crois que j'ai même eu envie de mourir. Les contours de l'existence perdaient de leur netteté, la vie me semblait dénuée d'intérêt, tout ce dont j'avais envie c'était de dormir. Dans le fond, le sommeil était une fuite. Je voulais échapper à la cruelle réalité. Je me souviens d'une rupture précise qui a laissé place à une phase de tristesse interminable. Celle-ci, très intense, a duré un an et demi. Je me traînais pour aller au boulot, je rentrais chez moi et seul le bruit du silence me répondait. Je me sentais insignifiante et abattue. Un peu désespérée. Finalement, je n'ai pas eu le choix, *il a fallu vivre*. Et avec le temps, j'ai commencé à apprécier ma solitude, à sortir la tête de l'eau, à distinguer de nouveau les couleurs de la vie. J'ai compris que c'était normal et qu'il ne servait à rien de tenter de repousser la douleur et le vide.

Alors, accepte de ressentir la nostalgie des moments passés.

Accepte de laisser la tristesse humidifier tes yeux, te brouiller la vue.

Accueille la souffrance.

Décommande les rendez-vous que tu n'as pas la force d'honorer.

Prends le temps d'être seul.e avec toi-même sans culpabiliser.

Prends soin de toi.

Et, dans toute cette noirceur, essaie de déceler les petits éclats de lumière qui scintillent.

Les plaisirs simples qui te font oublier cette personne, juste un instant.

Répète-toi que cette période ne durera qu'un temps.

Ne t'en veux pas si tu as l'impression d'avancer puis de replonger.

Ne t'en veux pas de repenser à cette histoire lors de dimanche pluvieux, de ceux qui exacerbent la nostalgie, de ceux qui ravivent les souvenirs étiolés.

Ne t'en veux pas de penser que le passé a parfois un goût de paradis.

Ne te décourage pas.

Sois patient.e.

Tout finit par passer.

Tout.

Certaines ruptures entaillent simplement l'ego. D'autres brisent le cœur. Et les plus difficiles sont celles qui combinent les deux conséquences : elles nous bouleversent à jamais.

Toute rupture amoureuse est douloureuse. Toutefois, il y a des ruptures qui brisent le cœur et d'autres l'ego. Personnellement, je n'ai jamais vécu une rupture avec philosophie. Même les ruptures avec des personnes que je connaissais à peine, en quelque sorte, de faux départs de relation qui survenaient au bout de trois ou quatre semaines me faisaient un mal de chien. J'ai essayé d'identifier *l'origine de la douleur*, alors que la personne n'était entrée dans ma vie que depuis très peu de temps.

Pourquoi réagissais-je ainsi alors que, deux mois auparavant, je ne la connaissais même pas ? Dans le fond, je ne m'étais pas suffisamment attachée à cette personne pour véritablement souffrir de son absence ou du manque de son affection. Mais, dans le fond, ce qui me faisait vraiment mal, c'était cette petite entaille que le rejet avait infligée à *mon ego*. Et je confondais la douleur de cette entaille avec la souffrance de la perte, du manque de l'être aimé.

Peut-être parce que je ne m'aimais pas assez, ce genre de rupture engendrait toujours chez moi un tsunami émotionnel de remises en question.

Je me disais que c'était probablement de ma faute, que je ne convenais pas à cette personne parce que je n'étais pas à la hauteur, que je n'étais pas « assez bien » pour être aimée.

Mon ego et uniquement mon ego craquelé s'exprimait.

J'ai alors réalisé que dans la vie, bon nombre de situations qui nous affectent au quotidien sont liées à *notre ego*.

Le jour où je suis parvenue à prendre du recul et à séparer clairement ce qui relève de mon ego et le reste, ma vie a été beaucoup plus simple. Désormais, quand quelque chose me fait mal (un collègue qui critique mon travail, une personne qui me fait faux bond ou n'est jamais disponible pour moi, un article ou un post qui ne suscite aucune émotion sur les réseaux, le mépris d'un inconnu dans la rue, une candidature pour un poste qui demeure sans réponse, un homme qui ne me rappelle pas après un premier rendez-vous amoureux), j'essaie d'analyser s'il s'agit de mon ego, et si tel est le cas, de relativiser et de me dire que je m'aime suffisamment pour ne pas laisser cette personne ou cet événement *me faire douter de moi.*

Il n'y a pas d'échecs en amour.

Juste des expériences.

À vingt-deux ans, j'ai commencé à sortir avec Igor pendant plusieurs années. Petit à petit (je ne m'en rendais pas compte), je perdais ma personnalité. Il me façonnait conformément à ses envies, et je ne le réalisais pas parce que j'étais simplement heureuse d'être aimée et choyée. Je délaissais mes passions : la lecture et l'écriture avaient déserté ma vie. Je passais tout mon temps avec Igor et je m'éloignais même de mes amies. Au bout de trois ans, nous avons rompu. J'étais triste à mourir. Et puis, avec le temps, j'ai surmonté le manque, l'absence et surtout, j'ai reconsidéré mon comportement lors de cette relation.

Et j'ai tellement *appris et compris.*

J'ai compris que je m'étais laissé marcher sur les pieds plus d'une fois au cours de cette histoire.

J'ai compris que j'étais trop indulgente, que j'aurais pu me montrer plus ferme.

J'ai compris qu'il avait certes, effacé ma personnalité, mais *que j'y avais consenti.*

J'ai compris que j'étais une personne avec ses passions, ses propres envies et que désormais, il faudrait que je m'affirme.

J'ai compris qu'il n'était pas fait pour moi parce que nous étions trop différents.

J'ai compris que j'avais laissé les choses se faire ainsi parce que je mourrai d'envie d'être avec quelqu'un et que j'avais préféré accueillir l'amour d'un autre plutôt que de développer mon amour-propre.

J'ai compris que j'avais un ÉNORME problème d'estime de moi.

Et finalement, avec le recul, cette relation et la rupture ont été *très bénéfiques* pour moi parce qu'elles m'ont appris à être moi-même et à ne pas refaire les mêmes erreurs par la suite, mais aussi à déceler les signaux d'alerte qui parsèment parfois les histoires toxiques.

C'est ainsi que, lorsque les années se sont écoulées (et les ruptures se sont accumulées hélas), j'ai commencé à voir les choses sous un autre angle. Je me suis dit que l'amour n'était en rien une compétition.

Je me souviens avoir pensé : « en fait, si on ne reste pas en couple avec la même personne jusqu'à la fin de sa vie, on échoue ? Et toutes les relations qui se terminent constituent une succession d'échecs ? ». Évidemment, le but de chacun est d'être heureux dans la vie, et cela englobe la sphère amoureuse. Mais quelque part, les ruptures représentent une mine d'or d'apprentissages pour que la relation suivante soit encore plus saine et épanouissante.

Aujourd'hui, j'ai arrêté de considérer les ruptures comme des échecs. J'ai progressivement modifié ma manière de percevoir les choses, j'ai aiguisé ma vision, changé de paires de lunettes afin d'essayer de déceler ce que chacune de mes histoires m'avait appris. Parce qu'on tire un enseignement de chaque rencontre, de chaque événement, pas forcément tout de suite, la douleur nous aveugle, elle recouvre tout, ce qui fait que nous ne sommes pas immédiatement capables d'appréhender les choses avec limpidité. Mais au bout du compte, on ressort avec des éléments intéressants. Cela peut être par exemple une meilleure connaissance de soi, de ce que l'on veut, de ce que l'on ne veut pas. Ou encore, de nos points faibles et de ceux sur lesquels il faut travailler davantage. Et toutes les ruptures ne sont que des leçons, des leçons de vie pour nous aiguiller dans le futur. La récurrence de certaines ruptures ou de certaines situations pernicieuses peut laisser présager un problème plus profond que nous nous devons de creuser (mon manque d'estime de moi après la rupture avec Igor, par exemple).

Alors, si tu essuies une rupture, souviens-toi que :

- ☐ Ce n'est pas parce que ça n'a pas marché que c'est un échec.
- ☐ Essaie d'en apprendre davantage en creusant sur les raisons de la rupture et les signes avant-coureurs éventuels.
- ☐ La relation était belle, n'est-ce pas ? Alors pourquoi la ternir en la considérant comme un « échec » ?
- ☐ La rupture n'efface pas les sentiments et les émotions qui ont existé à un instant T.

Tu te relèveras. Cela prendra du temps. Fais-toi confiance.

Ne te dévalorise pas parce qu'*une* personne t'a éconduit.e. Il y aura forcément quelqu'un, quelque part qui *mourra d'envie d'être avec toi*. Vous ne vous êtes juste pas encore rencontrés.

Faire des dizaines de rencontres.

Lors de soirées, au travail, via des amis.

Sur les applications.

Swiper.

Rédiger un message.

Attendre une réponse.

Fixer un rendez-vous.

Trépigner.

Finir déçu.e.

Rentrer.

Swiper.

Rédiger un message.

Attendre une réponse.

Fixer un rendez-vous.

Avoir la flemme.

Repartir déçu.e. Ennuyé.e. Découragé.e. Triste.

Éconduire.

Être éconduit.e.

Fatigue émotionnelle.

~~Se demander comment les autres font, pour rencontrer quelqu'un qui leur convient en un claquement de doigts ?~~

Se dire qu'on n'y arrivera jamais.

Faire une pause.

Reprendre des forces.

Arrêter de focaliser sur sa vie amoureuse.

Arrêter de se laisser pressuriser par les diktats de la société.

Vivre pour soi.

    Je suis allée à des dizaines de rendez-vous avant de rencontrer quelqu'un qui me correspondait. J'ai utilisé toutes les applications à outrance, jusqu'à l'épuisement psychologique. J'espérais. Je me projetais. Je rencontrais, je déchantais.

    Parfois, le rendez-vous se déroulait bien et j'attendais alors la suite, qui ne se produisait jamais. La rencontre laissait place au vide, à une déception, voire à une blessure de l'ego. Et au plus les semaines passaient au rythme des rendez-vous, au plus je me dévalorisais.

Je pensais que j'avais un problème, que je n'étais pas « aimable », qu'il y avait quelque chose en moi qui empêchait ceux que je rencontrais de s'attacher à moi.

Je pensais que j'étais vouée à souffrir pour l'éternité.

Je me remettais sans cesse en cause.

Je me disais que je n'étais bonne qu'à être « baisée ».

Et le cercle vicieux des rendez-vous m'entraînait dans une spirale de négativité : une personne m'éconduisait, pour me rassurer, je me jetais à nouveau sur l'application comme un papillon sur une ampoule en quête d'un nouveau rendez-vous, d'un homme dans le regard duquel je décèlerai la lueur de l'admiration, la lueur *de l'amour*.

Mais les histoires se répétaient, et je m'éteignais.

    J'ai compris que le swipe et les matchs avaient créé chez moi (ou exacerbé) une dépendance. J'avais toujours une cible, quelqu'un en tête ou dans le cœur, une rencontre prochaine qui matérialisait un espoir futur.

    J'ai décidé d'arrêter les applications de rencontre, désinstallant Tinder, Happn et Adopteunmec pour tenter de me concentrer sur le réel. Je ne voulais plus être perçue et appréciée à travers un écran ou évaluée via une paire de photos.

Je me suis ensuite inscrite dans un groupe de course à pied et... j'ai réitéré le même schéma que sur les applications : un radar dans les yeux, constamment à la recherche d'une cible. Au début, je me suis sentie pousser des ailes : je rencontrais de nouvelles personnes naturellement, je plaisais et les rites des applications de rencontre (swiper, écrire un message, fixer un rendez-vous, attendre une réponse, comprendre que la personne a déjà matché avec un autre) me semblaient aussi lointains qu'absurdes. J'ai ensuite rencontré Charles, qui m'a plus ou moins fait tourner en rond. Pour oublier Charles, je suis retournée sur les applications (une véritable junkie), j'ai rencontré Paul, qui m'a ghostée sans préavis. Et là, j'ai vraiment senti l'urgence de prendre soin de moi, de lâcher prise et d'arrêter de « chercher quelqu'un » : cette quête de l'autre était en train de me ronger, de me détruire, d'étouffer ma confiance en moi.

Je me suis recentrée sur moi-même pendant plus de quatre mois.

J'ai arrêté les applications de rencontre.

J'ai arrêté de laisser planer mon regard, à l'affût d'un homme qui pourrait me plaire, lors d'une soirée ou d'une sortie.

J'ai simplement pensé à moi et à ce que j'aimais, qui j'étais.

J'ai repris l'écriture du roman sur lequel je travaillais, de manière assidue.

J'ai pris soin de moi.

J'ai examiné mes relations passées pour mieux les comprendre.

J'ai passé du temps seule.

J'ai pris du plaisir *à me tenir compagnie.*

J'ai redessiné les frontières de ma personnalité, qui, à force d'essayer de plaire aux autres, s'étaient légèrement effacées.

J'ai passé du temps avec mes amies.

J'ai profité du moment présent.

Je me suis demandé quel genre de personne je voulais être.

Et lorsque je me suis sentie prête, je me suis réinscrite sur une application de rencontres, avec distance.

Je me disais que je rencontrerais un homme si j'en avais vraiment envie, et non par espoir, ou pour tester, ou pour combler un vide affectif parce qu'aucun autre de mes matchs ne daignait répondre.

J'ai rencontré une seule personne, avec qui je suis toujours.

Il suffit d'une belle rencontre, *une seule, unique*, un événement, inattendu, qui arrive comme ça, sans crier gare pour oublier toutes les galères du passé, ces déceptions, ces tourments et tous ces grands espoirs, si vite avortés.

Continue à t'ouvrir. Reste confiant.e et optimiste malgré les échecs et les déceptions.

J'ai échoué des millions de fois.

Dans ma vie professionnelle : j'ai choisi une voie pour coller aux souhaits de l'homme que j'aimais. Je m'en suis mordu les doigts.

Dans ma vie tout court, j'ai blessé les gens que j'aimais avec des paroles maladroites.

J'ai accordé ma confiance à des personnes qui en ont abusé.

J'ai couru après des individus qui ne me méritaient pas.

Je me suis laissé malmener.

J'ai fait des choses que je ne ferais plus aujourd'hui, dans un moment de faiblesse.

J'ai été rejetée.

J'ai abandonné.

J'ai essayé des tas de voies, de projets, sans succès.

J'avais beau me donner corps et âme, je n'arrivais pas à ce à quoi j'aspirais.

J'ai échoué à un concours pour lequel j'avais énormément travaillé.

J'ai échoué à être la meilleure salariée de ma boîte, étiquetée « talent ».

J'ai échoué à des entretiens de recrutement.

J'ai échoué à convaincre mes interlocuteurs.

J'ai échoué à pérenniser des dizaines de relations amoureuses.

J'ai échoué à rompre proprement avec des personnes que je considérais pourtant comme toxiques.

J'ai échoué à publier un roman de littérature dans une grande maison d'édition.

Je me suis remise en question, comparée aux autres.

J'ai eu l'impression d'être « en retard ».

J'ai accusé l'univers, brandi la carte de la malchance.

J'ai eu honte de mes « échecs ».

J'ai tenté de les dissimuler ou de minimiser leur impact.

J'ai ensuite cru que je n'étais pas à la hauteur.

Que j'étais mauvaise, inapte, incapable, marginale, différente.

Vouée à tout rater.

J'ai nourri un complexe d'infériorité.

J'ai enfoui la douleur que ces échecs me causaient, pour ne pas devoir regarder la vérité en face.

Et puis, j'ai compris.

Les échecs font partie de la vie.

Une vie sans échecs est une vie sans prise de risques.

Essayer signifie s'exposer à un échec potentiel. Soit on tente en sachant qu'on n'y arrivera peut-être pas, soit on abandonne.

Pour grandir, il faut expérimenter, se tromper : on ne s'élève pas sans prendre le risque de tomber de haut.

Prends le temps qu'il te faut pour arriver à tes objectifs.

La vie n'est pas une course de vitesse.

Il n'y a pas *qu'un seul chemin dans la vie* contrairement à ce que les diktats de la société nous laissent parfois croire. CDI, mariage, achat immobilier, bébé... La vie n'est pas une liste de succès à cocher.

À mes yeux, chacun suit le sentier qui lui correspond le plus, et chacun prend le temps qu'il lui faut pour arriver au bout de ce sentier. Certains parviennent très vite à trouver la bifurcation qui les mènera à *leur* ligne d'arrivée, ils ont peut-être besoin de cadre, de sécurité et d'autres effectuent régulièrement des pauses afin de regarder en arrière, hésitent ou se trompent plusieurs fois pour revenir sur leurs pas. Enfin, il y a ceux qui se heurtent à une impasse, une fois, puis deux, puis trois. Ils essaient encore, ils insistent. Ils finissent peut-être par capituler et tentent de se frayer un autre chemin à travers les branchages ou alors, ils changent de destination, vaincus. Et parfois, le doute s'insinue en ceux et celles qui ont pourtant atteint leur ligne d'arrivée. Alors ils envoient valser leurs acquis et recommencent tout. Et il n'y a aucun mal à ça, parce que *la vie n'est pas une course.*

J'ai toujours été complexée par mon « retard » comparé aux autres personnes de mon entourage.

Adolescente, mes copines allaient à des « boums », sortaient avec des garçons alors que je n'avais jamais embrassé personne et que je passais le samedi soir terrée chez moi.

Elles avaient des expériences sexuelles et affectives alors que je n'ai jamais rien vécu d'intime jusqu'à dix-neuf ans et que mes périodes de « désert » pouvaient être interminables.

Elles avaient des relations longues alors que je peinais à pérenniser mes histoires avec les hommes.

Elles évoluaient dans leur travail alors que je changeais tous les deux ans d'orientation professionnelle ou que je testais de nouveaux projets qui ne décollaient pas.

Elles achetaient un appartement alors que je n'avais même pas de quoi constituer un apport sur mon compte épargne.

Mes copines se mariaient ou faisaient un premier enfant et moi, je stagnais, allant de rencard en rencard sur les applications.

J'avais l'impression d'être « à la ramasse ».

Mais en réalité, le « retard » n'existe pas. Il est créé de toute pièce par la société et les diktats qui en découlent. Et les injonctions sont nombreuses.

Il faut à tout prix :

- Avoir un super job dans lequel on évolue régulièrement.
- Trouver un partenaire avant trente ans.
- Se marier.
- Faire un achat immobilier.
- Avoir des enfants avec son partenaire.
- À défaut d'être en couple, avoir une vie sexuelle riche.

J'ai fini par comprendre qu'il n'y a pas de retard, il y a simplement des routes et des rythmes différents. Et puis, une fois qu'on a coché les cases, que reste-t-il ?

Je me souviens d'une de mes amies d'enfance qui a « avancé » plus rapidement que moi. À vingt-cinq ans, elle a rencontré un homme avec qui elle a très vite vécu. À vingt-neuf ans, elle était mariée et s'était acheté une maison. À trente ans, elle était enceinte de son premier enfant. Aujourd'hui, elle a trente-quatre ans et elle est divorcée. Après avoir vécu un ou deux ans célibataire, elle est à nouveau en couple.

J'ai trente-quatre ans, un conjoint, mais :

- Je n'ai jamais été mariée.
- Je n'ai pas d'enfants.
- Je n'ai pas de quoi m'acheter un appartement ou une maison
- Je me cherche encore professionnellement, incapable d'avoir un job stable tant j'aime le changement.

Et honnêtement, je suis très contente parce que la vie est longue et j'ai encore le temps de me préoccuper de tout ça des années durant.

Y a-t-il un chemin préférable à un autre ? Je ne le crois pas. Il existe simplement autant de chemins que d'individus.

On fait des erreurs, on se trompe. On a honte, on se blâme, on en rougit pendant des jours. Et si on acceptait d'être humain et faillible ?

Se blâmer.

Avoir honte.

Culpabiliser.

Des nuits pétries de ruminements.

Les joues calcinées.

Pourquoi se met-on autant de pression ?

~~Se blâmer.~~

~~Avoir honte.~~

~~Culpabiliser.~~

Tirer des apprentissages de ses erreurs.

Réfléchir à la façon de l'éviter la fois suivante.

Reconnaître que l'on a des forces et des faiblesses.

Être à l'aise avec nos qualités et nos défauts.

S'assumer comme on est.

Je parle vite.

Je fais des erreurs d'inattention.

Je fais des erreurs de jugement.

Je manque de discernement.

J'oublie parfois un détail fondamental.

Je réagis ~~trop~~ vite.

J'ai du mal à me concentrer.

Je suis maladroite.

Je suis impatiente

Je parle fort.

Je suis bougonne le matin.

Je suis têtue.

Je suis ~~trop~~ timide.

Je suis ~~trop~~ sensible.

Je suis comme je suis.

Tu es comme tu es.

~~J'ai aimé une personne qui n'en valait pas la peine.~~

J'ai appris.

C'est l'attente qui tue plus que le désamour.

Et le doute perpétuel qui l'accompagne. Alors...

N'attends pas après les autres : construis ton propre bonheur.

Pendant très longtemps, j'ai laissé mon bonheur dépendre des autres, et des événements sur lesquels je n'avais aucun contrôle. J'étais à la merci de certaines personnes. Lorsque j'avais vingt-deux ou vingt-trois ans, mon épanouissement dépendait exclusivement de ma vie amoureuse.

Si j'étais célibataire, alors ma vie était « en suspens », jusqu'à ce que je rencontre quelqu'un. Je pensais : « mais pourquoi exister si ce n'est pour personne ? ». Si la relation échouait, alors j'étais incapable d'être heureuse et je retournais à la case départ.

Sans cette autre personne, mon alter ego, je me sentais « incomplète ». J'étais dépendante affective.

Si la personne que je fréquentais ne me donnait pas de nouvelles pendant quelque temps, j'étais envahie par l'angoisse et je n'arrivais pas vraiment à apprécier les petits moments de vie, car j'étais dans l'attente de l'autre.

Peu à peu, je me suis affranchie de ce fardeau. J'ai passé beaucoup de temps seule, et cette solitude m'a permis d'affirmer ma personnalité et de trouver mon bonheur dans les choses que j'accomplissais personnellement et qui ne dépendent de personne d'autre.

Ensuite, j'ai longtemps relié mon bonheur à mon succès professionnel : je voulais qu'un de mes romans soit édité dans une grande maison d'édition. Avoir des rêves et des ambitions est positif, mais mon souhait devenait obsessionnel et tendait vers une frustration. Tant que cela ne se produisait pas, j'étais malheureuse parce que je mettais toute ma valeur, mon ego, mon existence entière dans cet achèvement. Le quotidien était une quête qui convergeait vers cet unique but. Jusqu'au jour où j'ai réalisé le danger, parce que finalement, je laissais le contrôle de *mon propre bonheur* à des personnes *extérieures à ma vie*.

Nous seuls avons le pouvoir de créer notre propre bonheur. Ce n'est pas toujours évident, car on a forcément des objectifs de vie qui ne peuvent se réaliser sans les autres ou sans une intervention extérieure. Toutefois, on a toujours la possibilité de se créer ses propres petits moments de joie seul, des éclats de vie qui ne dépendent de personne. Peut-être en pratiquant les activités qui nous font plaisir, en appréciant le voyage, le processus et pas uniquement la destination, l'achèvement, par exemple, l'écriture du livre dans mon cas et non la publication. Ensuite, en essayant de savourer les bonheurs simples, presque banals, que chaque journée offre.

Tu ne seras pas complet ou complète lorsque tu auras rencontré quelqu'un.

Tu l'es déjà.

Prendre le temps de guérir.

Un mois, six.

Un an ou plus, s'il le faut.

Tu viens peut-être d'être quitté.e ou de quitter et tu as mal.

Tu penses que le seul moyen d'annihiler ce que tu ressens, c'est de venir combler les fissures, de remplacer une personne par une autre. En quelque sorte, il s'agit d'une esquive de la part de ton esprit pour éviter une souffrance trop intense.

J'ai toujours été une célibataire endurcie. N'ayant eu qu'une relation longue au début de ma vingtaine, mentionnée précédemment, je n'ai jamais eu de mal à rester seule pendant des mois, voire des années. Et puis un jour, à vingt-six ans, je suis sortie avec un type dont je suis tombée follement amoureuse. Lorsqu'il m'a quittée, c'était si dur de me prendre son rejet en pleine face que j'ai préféré arpenter les applications et tout faire pour rencontrer quelqu'un *coûte que coûte* parce que j'avais ce besoin viscéral de *combler le manque*. Et ça a fonctionné, j'ai trouvé un homme, qui a remplacé le précédent. Et je suis tombée amoureuse de lui aussi, et puis nous nous sommes quittés, car ça ne marchait pas. J'ai réalisé que j'étais dans un engrenage parce que j'enchaînais les relations insatisfaisantes comme une junkie. J'ai finalement compris que si je voulais faire évoluer mes relations, il fallait me poser pour réfléchir à ce qui s'était passé et à ce qui n'avait pas marché précédemment. C'était difficile. Je me sentais mal. Seule. J'étais en manque d'affection, de mots doux. J'avais l'impression de *ne pas exister*.

Mais il vient toujours un jour où *il faut affronter ses démons*.

J'ai compris l'importance de prendre le temps de guérir après une rupture.

Pourquoi ?

Pour réfléchir à la relation et à la cause de la rupture.

Pour mieux comprendre certains faits qui paraissaient anodins sur le moment, mais qui ont en fait de l'importance.

Pour prendre du recul.

Pour digérer avant de se lancer dans une nouvelle relation.

Pour éviter d'embarquer des blessures émotionnelles toutes fraîches dans cette nouvelle relation.

Pour éviter d'être attiré.e par des personnes qui ne sont pas compatibles avec soi-même juste parce qu'elles sont disponibles et qu'elles peuvent donner l'attention et l'affection dont on a besoin à ce moment-là.

Pour éviter de faire souffrir une autre personne.

Les cœurs perdus passent de bar en bar, de bras en bras, de lit en lit et d'âme en âme. Ils ont souffert alors ils font souffrir, parce qu'ils n'ont pas pris le temps de *guérir*. Et ils brandissent ensuite leur propre douleur comme une excuse aux châtiments qu'ils infligent aux autres.

Aimer ne veut pas dire tout accepter aveuglément. Aimer signifie *savoir poser ses limites*, peu importe les conséquences.

Tu donnes beaucoup. Parfois trop. Sans limites.

Plus que les ressources que tu possèdes.

Cela te coûte, mais tu ne dis rien.

Les conséquences ?

On te prend le bras entier.

Tu n'es pas toujours respecté.e.

Les personnes les plus malveillantes se permettent de profiter de toi.

Tu finis par être déçu.e, de toi, des autres.

Tu es fatigué.e psychologiquement et émotionnellement, car tu donnes plus que ce que tu peux donner et plus que ce que tu reçois.

En ce qui me concerne, j'ai passé ma vie à essayer d'être « gentille » et serviable avec mon entourage, à apporter mon aide aux personnes qui le composaient dès qu'elles le demandaient, à dire « oui » et « amen » à tout ce que l'on me proposait pour être appréciée, même quand je n'en avais pas réellement envie. Et finalement, je remarquais que j'étais peut-être appréciée, mais pas pour les bonnes raisons. Je n'étais pas appréciée parce que les gens m'aimaient telle que j'étais, mais plutôt parce que je satisfaisais constamment leurs besoins et j'accédais *toujours* à leurs requêtes. J'étais une amie fidèle, une copine parfaite, une psy, une conseillère, une oreille attentive, une fille toujours disponible, malléable à souhait, prête à rendre service à tout moment. Une bonne poire... Et j'avais peur de poser mes limites, de dire NON, parce que je craignais que ces personnes soient déçues de moi, ou ne m'aiment plus autant qu'auparavant.

Finalement, je ne m'assumais pas réellement, et j'en payais le prix ultérieurement, parce que... j'étais fatiguée, de moi comme des autres.

Il y a des années de cela, j'ai rencontré Adrien sur une application de rencontres. Il était intéressant et beau et j'ai tout de suite été flattée par l'attrait qu'il semblait avoir pour moi, d'autant plus qu'à ce moment-là, je n'avais pas énormément confiance en moi. Après quelques rendez-vous, il a souhaité passer la nuit chez moi. J'ai accepté à condition qu'il parte tôt le lendemain matin : j'avais quelque chose de prévu.

À l'aube, je l'ai réveillé pour qu'il s'en aille, comme convenu, en lui expliquant bien que j'aurais aimé qu'il reste davantage, mais que ce n'était pas possible. Il a d'abord essayé de me faire changer d'avis, insistant pour passer encore un peu de temps au lit. Je me suis montrée plus ferme. Il a alors quitté mon domicile, agacé, et m'a larguée dans la foulée : « Tu me sembles indisponible ». Ma première réaction a été une forme de culpabilité, un remords. Je me suis dit : « et si je l'avais laissé rester, peut-être ne m'aurait-il pas larguée ? Peut-être a-t-il été vexé ? ». Le doute résonnait en moi. Et puis j'ai compris qu'Adrien ne respectait pas mes choix, qu'il voulait juste une copine docile. Et que je n'avais *rien* perdu.

Dans le passé, j'étais très souvent confrontée à cette situation. Par exemple, je modifiais mon emploi du temps en fonction des disponibilités de la personne convoitée. Je conservais des créneaux dans mon agenda « au cas où » elle se manifesterait, pour être sûre de voir cette personne rapidement. Je n'avais pas de limites. Mais en agissant ainsi, je me mettais dans une position d'attente vis-à-vis de cette personne. Et dans cette position de subordination, je ne contrôlais rien et j'étais à la merci des desiderata de mon « coup de cœur ».

Peu de temps après ma brève histoire avec Adrien, j'ai rencontré Igor, l'homme avec qui je suis restée trois ans et dont j'ai parlé un peu plus tôt. Il s'agissait de ma première vraie relation amoureuse et je confondais amour avec abnégation. Je voulais être à ses yeux une petite copine parfaite, ce qui fait que j'accédais à bon nombre de ses demandes, même quand je n'avais pas envie. J'avais peur du conflit, de le perdre, ou qu'il ne me trouve pas « assez ».

Lorsqu'il a rompu, j'ai naïvement protesté : « Je ne comprends pas, il me semblait que j'étais une copine parfaite ! Tu te rends compte... Je faisais ça pour toi, et ça, et ça aussi… ». Il m'a répondu : « La perfection, ce n'est pas ce que je cherche chez quelqu'un ». Cet échange m'a fait l'effet d'un électrochoc. Cependant, j'ai continué à agir ainsi avec mes proches, mes collègues, mes amies. Parce que je voulais être aimée, appréciée, coûte que coûte.

Avec un long travail, j'ai réussi à arrêter de tout faire pour être aimée, et à me comporter comme j'en avais envie, à apprendre à poser mes limites. J'ai réussi dire non, sans remords, sans regret, sans craindre le retour de bâton ou encore, le désamour. Je ne vais pas mentir, ça a pris énormément de temps de parvenir à refuser sans culpabilité et sans avoir le sentiment d'être une égoïste. Et devine ce qui s'est passé ? Mes amis sont restés mes amis. Et ceux qui profitaient de moi se sont éloignés. Je n'ai rien perdu : ces derniers ne m'appréciaient pas vraiment, ils profitaient de ma disponibilité sans bornes.

Aie le courage de partir si ça ne te convient pas.

Tu restes, tu supportes, tu tiens le coup.

Peut-être parce que tu penses que tu « peux le faire ».

Qu'il ne s'agit que d'une question de temps, que tu vas t'habituer. Tu peux encore avoir l'impression que tu es ingrat.e.

Tu te persuades que tu n'obtiendras pas forcément mieux : finalement, tu n'es pas si mal loti.e.

Pourtant, tu te surprends régulièrement à rêver de la fin. De t'extraire de cette situation, relation, travail, de t'échapper, de tout changer, mais très vite, lorsque cette pensée émerge entre tes tempes, tu l'enfouis, loin, très loin, pour qu'elle cesse de t'importuner.

Pourquoi ne la laisserais-tu pas sortir ?

Pourquoi ne lui ferais-tu pas un peu de place ?

Je me suis retrouvée dans ce dilemme tant de fois.

J'avais peur de quitter une personne parce que je craignais de m'en mordre les doigts. La solitude, ou la mauvaise décision, celle hâtive, irréfléchie que l'on regrette amèrement par la suite me terrifiaient.

J'avais aussi l'espoir que tout change. Dans une relation néfaste, j'envisageais une évolution favorable : que les aspérités de sa personnalité finissent par se polir, que nos échanges tendus se radoucissent. Dans le monde professionnel, j'avais peur du chômage, de l'inactivité, *de perdre ce que j'avais* sans savoir ce que je gagnerais en retour.

Un jour, on m'a conseillé ce petit exercice très simple, que tu connais peut-être. On m'a suggéré de lister chacune des peurs liées à la situation dans laquelle je n'osais pas plonger (quitter un travail toxique ou un conjoint qui ne me convenait pas, annoncer une décision controversée à mes proches) et d'y associer le scénario le plus tragique.

J'ai constaté que... la plupart d'entre elles n'avaient pas une issue aussi dramatique que celle qui se dessinait dans mon esprit ou qui me tordait constamment l'estomac.

J'ai fini par comprendre que :

- ☐ Les peurs sont façonnées par l'imaginaire, qui les amplifie ÉNORMÉMENT ! Elles sont très souvent bien plus terribles que dans la réalité.
- ☐ Les angoisses ne sont que des scénarios hypothétiques dont le résultat n'existe pas.
- ☐ En cas de difficulté, on survit à beaucoup plus de choses que ce que l'on pense.
- ☐ Tous les problèmes ont une solution : *celle-ci se trouve en nous.*

Souffrir une bonne fois pour toutes d'une unique rupture, *une coupure nette*, plutôt que d'essuyer des dizaines de déceptions dans le temps.

Si nous ne l'avons pas vécu, nous avons presque tous été dans l'incompréhension face à une personne de notre entourage qui vit cette situation. L'alternance d'espoir entre chaque déception rehausse le niveau global de la relation, comme un rayon de soleil dans un ciel très nuageux. Chaque fois que nous sommes blessés, un événement positif vient atténuer cette déception, ce qui alimente notre espoir qu'un jour, les choses s'arrangent.

Combien d'amies ai-je vues lutter dans une relation toxique, vouée à l'échec ? Ces amies étaient conscientes de la nocivité de leur compagnon, mais n'avaient pas la force de s'en détacher. Par amour. Par peur de la solitude. Par espoir aussi.

J'ai également vécu une relation destructrice dans le passé, dont j'ai peiné à m'extraire. Amaury m'avait séduite, mais peu à peu, je remarquais qu'il se comportait mal avec moi. Il faisait preuve de paternalisme et de condescendance. Il prenait plaisir à me rabaisser ou à me voir piquée au vif. Cependant, comme Amaury était un homme intelligent, il ne le faisait pas frontalement, mais par petites touches. Lorsqu'il sentait que je m'éloignais, il revenait au galop et redevenait cet homme mielleux et adorable qui m'avait fait succomber lors de notre première rencontre. Dès lors que je lui accordais ma confiance, il se remettait à me rabaisser. Et ainsi de suite. Le problème, c'est qu'à chaque fois qu'il se comportait en « homme parfait » pour me reconquérir, mon espoir de voir la situation s'améliorer grandissait, ce qui fait que je ne parvenais jamais vraiment à me séparer de lui. J'ai mis beaucoup de temps à couper les ponts, car même lorsque je me montrais inflexible, il multipliait les tentatives, actions et belles paroles pour que je lui revienne.

J'avais mal. Je peinais à dormir, à manger. Je savais que je devais partir, mais je n'y arrivais pas. Jusqu'au dégoût, qui a constitué mon déclic.

En théorie, tu peux être confronté.e à des situations difficiles qui nécessitent de prendre des décisions courageuses.

En pratique, ce que j'ai pu constater, c'est que le déclic est l'ami du temps. Le déclic ne vient pas en un jour, il se précise, petit à petit. Cela peut prendre quelques mois, un an, des années. Et c'est normal.

Alors, si tu te trouves dans cette situation, rappelle-toi que :

- ☐ Tu es fort.e, tu as des ressources en toi et tu y arriveras.
- ☐ Tu pourras te libérer un jour, mais peut-être n'est-ce pas encore le bon moment.
- ☐ Petit à petit, sans que tu t'en aperçoives, les déceptions successives entament ta résistance psychique et te poussent à ouvrir les yeux : tu fais ton chemin sans t'en rendre compte.
- ☐ Tu n'as pas à t'en vouloir de ne pas y arriver tout de suite, c'est normal.
- ☐ Laisse-toi du temps, ne te blâme pas.

Choisis d'être avec une personne devant qui tu n'as pas peur de te montrer vulnérable.

Lors de ma première vraie relation amoureuse, celle qui a duré trois ans, je me suis montrée authentique face à Igor : sensible, hyper émotive. Lorsqu'il me faisait une remarque déplaisante, me mettait face à mes propres contradictions ou à mes peurs, il n'était pas rare que mes yeux s'humidifient. Lorsqu'il a rompu, il m'a asséné les paroles suivantes : « De toute façon, tu es trop sensible. C'est impossible d'être avec toi, la moindre remarque de ma part et tu te mets à pleurer. »

Cette phrase m'a hantée pendant des mois. Je me suis demandé si mon hypersensibilité en rebuterait d'autres dans le futur.

J'ai douté de moi.

Je pensais avoir une tare.

Un problème insurmontable.

Quelque chose que je me devais de cacher pour être acceptée par les autres.

Avec le temps, j'ai compris que cet homme ne m'accueillait pas comme j'étais, et que ma vulnérabilité ne lui convenait pas, mais qu'en aucun cas, je ne devais la camoufler, car cette nature fait partie intégrante de ma personnalité.

Aujourd'hui, je suis avec quelqu'un qui me prend comme je suis, avec mes émotions à fleur de peau.

Je n'ai pas peur d'être moi-même.

Je n'ai pas peur de laisser les larmes tremper mes prunelles lors d'une dispute.

Je chéris ma sensibilité, qui me permet de percevoir certaines situations avec davantage d'acuité et de profondeur, ou d'écrire au plus près de la réalité.

Chacun d'entre nous, nous pouvons être nous-mêmes.

Je n'ai pas à craindre d'être rejetée pour ce que je suis ou qui je suis.

Tu peux exprimer ta personnalité librement.

J'ai le droit d'être sensible.

Tu as le droit d'être fragile et de montrer tes blessures du passé au grand jour.

Je suis qui je suis.

Tu es qui tu es.

La personne qui te correspond, tu la reconnaîtras facilement. Elle ne te reprochera pas d'être trop « fragile ». Elle t'aidera à sécher tes larmes.

Les amours fulgurantes peuvent être aussi friables que des châteaux de sable. Elles se bâtissent très vite, sans fondations, et s'effondrent à la moindre vague.

Avec Dimitri, le coup de cœur a été immédiat. En quelques jours, nous avons fusionné. Je passais mon temps libre chez lui, me fondant dans le décor de sa vie comme si cette existence m'attendait depuis toujours. Je me sentais si vivante, mue par une exaltation que je n'avais pas connue depuis longtemps. En fait, c'était comme de se réveiller après un éternel coma : une résurrection. Notre début d'histoire était palpitant, plein de couleurs vives, déraisonnable et endiablé.

Au bout d'une semaine, nous ne nous quittions plus.

Au bout de deux, nous arpentions tous les restaurants et les clubs de Paris.

Au bout de trois, il me proposait de rencontrer ses amis les plus proches.

Au bout de trois et demi, il réservait un week-end entier pour que l'on découvre une nouvelle ville ensemble.

Au bout de quatre, nous réalisions que nous n'avions pas tant de choses en commun.

Au bout de cinq, il prenait conscience que je ne lui plaisais pas vraiment.

Au bout de six, il se lassait.

Au bout de sept, il s'éloignait.

Au bout de huit, il me ghostait.

Je suis tombée des nues. Je me suis demandé ce qui avait pu se passer pour que notre histoire ne soit qu'un feu de paille. La réponse était simple : nous nous étions mutuellement idéalisés de par la rapidité avec laquelle la relation avait démarré. Nous étions charmés l'un par l'autre alors que nous ne nous connaissions même pas, et notre attirance était née grâce à notre imaginaire : chacun avait projeté un fantasme, le fantasme de l'autre, et avait posé les briques de la relation sur des bases frêles, et notamment (pour ne pas dire uniquement) sur le physique et l'espoir du futur. Comme je me sentais vulnérable à ce moment-là et que je manquais d'assurance, je n'ai pas osé mettre fin à la relation alors même que je réalisais qu'il ne me convenait pas et que je ne lui convenais pas.

Je ne dis pas que tous les coups de cœur ou coups de foudre se soldent nécessairement par des échecs, mais plutôt, qu'il y a davantage de chance de se tromper lorsqu'on va vite parce qu'on ne va pas prendre le temps de connaître la personne en profondeur, on va avoir tendance à l'idéaliser parce qu'on est davantage attiré, à ce moment-là, *par l'idée même de l'amour et du couple* plutôt que par la personne, la vraie personne, réelle, avec qui on s'apprête à écrire une histoire.

On se trouve des excuses. Je préfère être seul.e. Je veux m'amuser. J'ai trop souffert. Mais on attend *la* rencontre. Celle qui nous bouleversera, celle qui nous fera renier nos préceptes.

Cesse de donner de l'amour à ceux qui ne sont pas prêts à le recevoir.

Donner c'est beau. Mais dans la vie, nous aspirons tous à des relations mutuelles. Parce qu'aimer sans rien en retour est douloureux, donner l'est aussi. Tu as peut-être remarqué une tendance à aller vers des personnes qui ne sont pas disponibles émotionnellement. Comme tu as de l'espoir, tu donnes quand même, tu proposes, tu disposes, en espérant déclencher un déclic chez l'autre. En général, tu finis déçu.e parce que tu as donné sans rien recevoir.

Tu peux avoir l'impression que tes efforts et actions ne mènent jamais à rien.

Tu peux finir par te méfier des autres.

Tu peux invoquer la malchance, parce que tu n'arrives pas à côtoyer des personnes disponibles dont l'intérêt est réciproque.

Tu peux te sentir triste de ne pas recevoir l'amour que tu penses mériter en retour.

Tu peux être en colère contre cette personne indisponible qui ne répond pas à tes besoins.

Tu peux être frustré.e de ne pas réussir à retourner la situation en ta faveur.

Tu peux être fatigué.e émotionnellement par la considération que tu portes à autrui, sans percevoir une quelconque attention qui te nourrirait.

Je le sais parce que j'ai été confrontée à cette situation environ… un million de fois ! Je sentais que l'autre n'était pas disponible, que nous n'étions pas sur la même longueur d'onde, mais je m'obstinais quand même *et j'en souffrais.*

Victor en est l'exemple parfait. J'ai rencontré Victor en septembre 2017. Il me plaisait énormément : rarement j'avais connu une osmose aussi fulgurante. Victor avait l'air également très emballé, même s'il se dévoilait moins. Dès les premières semaines de relation, un décalage s'est installé. J'avais très envie de le voir, à tout moment, et lui était moins disponible. *Il était là*, présent, et prenait de mes nouvelles ou proposait des sorties, sans pour autant être *vraiment* là. Parfois, il n'avait pas le temps pour une rencontre pendant deux ou trois semaines, du coup, la relation n'évoluait pas, car nous nous voyions très peu. En fait, il n'était pas vraiment libre. Dans le fond, je comprenais que nous n'étions pas en phase, que j'étais bien plus impliquée émotionnellement qu'il ne l'était, mais je ne voulais pas abandonner, pleine d'espoir. Je pensais qu'avec le temps, il se dériderait. Jusqu'à ce qu'il espace les rendez-vous, puis les messages et finisse par me larguer parce qu'il sentait que je m'attachais et que l'absence de réciprocité de cet attachement l'effrayait.

Cela peut être difficile à accepter, mais parfois certaines personnes ne sont pas *prêtes à aimer et à être aimées*. Elles peuvent souffrir de blessures du passé ou peut-être qu'elles ne sont tout simplement pas prêtes à s'engager avec toi.

Dans ces situations, il est important de te rappeler que *tu mérites* quelqu'un qui est prêt à recevoir ton amour. Ne perds pas ton temps à donner de l'amour à des personnes qui ne peuvent pas le recevoir.

Tu *mérites* quelqu'un qui t'aimera autant que tu l'aimes, *qui te donne autant que tu lui donnes*.

Un baiser, une étreinte, quelques moments furtifs, un coup d'un soir.

Jusqu'à ce que l'amour les sépare.

Avance, continue, même quand c'est difficile, même quand la lassitude s'installe, même si tu es fatigué.e. À petits pas ou à grandes enjambées, il vient toujours un moment où on atteint enfin le bout du chemin.

Tu es las.se.
Découragé.e.
Tu vas persévérer.
Changer d'angle.
Tester.
Ajuster ta stratégie.
Prendre une pause pour évacuer la lassitude.
Prendre soin de soi.
Repartir de plus belle.
T'arrêter pour savourer les petites victoires que tu as oublié de fêter.
Te féliciter d'être arrivé.e là où tu te trouves.
Te remémorer le fait que les succès sont par définition difficiles à atteindre.
Que toute montagne est longue à gravir.
Tu vas avancer pas à pas.
Ralentir quand le voyage est trop éprouvant.
Savourer le chemin.
Et... tu vas échouer à nouveau.
Encore. Et encore.
Tu vas faire le point sur ce que tu as appris.
Te préparer pour la suite.
Repartir de plus belle.
Tu n'abandonneras pas.
Tu vas avancer.
Si tu as la force de continuer, tu as aussi la force de te relever quand tu échoues.
Tu vas trouver le courage.
Tu vas faire preuve de résilience.
Continuer.

Tu n'es *pas* un second choix. Jamais.

Reste toi-même. Et tant pis si tu ne plais pas à certaines personnes.

J'ai travesti ma personnalité pour paraître parfaite.

J'ai souri quand je n'avais pas envie de sourire.

J'ai couché quand je n'avais pas envie de coucher.

J'ai dansé, même quand je n'avais pas d'énergie.

J'ai rendu service quand ça me coûtait.

Je me suis tue quand j'avais envie de parler.

J'ai consolé quand j'avais moi-même besoin de soutien.

Je me suis rendue disponible alors que je ne l'étais pas.

Je me suis montrée enjouée quand j'étais maussade.

J'ai dit « oui » quand je pensais « non ».

J'ai accepté pour faire plaisir.

J'ai serré les dents quand ça ne me convenait pas.

J'ai porté des vêtements dans lesquels je n'étais pas à l'aise.

J'ai fait semblant.

Et puis, j'ai appris à dire NON.

J'ai appris à être qui je suis, comme je suis.

J'ai appris à m'affranchir du regard des autres.

J'ai appris à m'aimer plus que je n'aime les autres.

J'ai appris à écouter mon corps et mon esprit.

J'ai appris à prendre soin de moi, avant de me préoccuper des autres.

Chaque jour, savourons ce qui est *bien* parce que rien n'est jamais *parfait*.

Un rayon de soleil sur la peau.

Le chatouillis de l'herbe sur la plante des pieds.

Un message de cette amie géniale à laquelle tu tiens tant.

Le chant des oiseaux lors des premiers jours de printemps.

Un horizon flamboyant.

Le sourire d'un inconnu dans la rue.

Un ciel bleu, éclatant, sans nuages.

Recevoir un compliment inattendu.

Le goût du sucre qui se distille sur la langue.

La chaleur du foyer en une froide journée d'hiver.

La mélodie des mots sur la page d'un livre.

La sensation ouateuse des débuts de relation amoureuse.

L'impression d'immunité absolue que procure une étreinte avec l'être aimé.

Se replonger avec délectation dans un roman envoûtant.

L'insomnie qui nous tenaille une veille de départ en vacances.

Retrouver un vieil ami.

Passer du temps de qualité avec ses proches.

Dormir dans un lit.

Avoir un toit.

Se sentir bien chez soi.

La sensation de satiété après un repas exquis.

Dresser le bilan d'une belle journée.

Choisir une destination de voyage.

Rêver à quelque chose que l'on désire ardemment.

Prendre une douche chaude.

Admirer un paysage envoûtant.

Se sentir bien et en bonne santé.

L'odeur des pages d'un nouveau livre.

Prendre soin de quelqu'un d'autre.

Donner, offrir.

Sourire.

La vie est une suite de tempêtes et d'accalmies. Elle donne et parfois reprend, sans crier gare. Dans ces moments-là, il n'y a rien à faire, à part accepter. Regarder loin devant soi. Et garder espoir.

La société valorise beaucoup le bonheur, les moments de joie. C'est ce qu'on met en avant sur les réseaux, dans les *success stories* de célébrités à qui tout réussit, sur LinkedIn ou à travers une série de photos retouchées sur Instagram. Dans la vie quotidienne, on évite aussi de mentionner nos échecs, par honte ou par pudeur. Comme si la tristesse, le désespoir, l'obscurité n'existait pas. Mais c'est faux, et au plus on lutte contre cette idée, au plus on vivra les mauvais moments comme insupportables et injustes.

Tu traverses peut-être une période difficile en ce moment même.

Une rupture, un deuil, une maladie, une déception acide.

Tu ne te sens pas heureux.se.

Tu as peut-être l'impression que tu ne te relèveras pas de sitôt, que tu ne sortiras jamais la tête de l'eau.

Tu vois l'avenir comme un long tunnel noir, sans aucune issue favorable à l'horizon.

Tu penses que tu ne parviendras plus jamais à rire, à sauter de joie, à laisser les vapeurs de l'insouciance alléger tes épaules ou gonfler ton cœur.

La liste de tes problèmes s'allonge, tu ne vois plus aucune issue.

Les idées noires t'assaillent peut-être, et, parfois, tu te dis que la mort annihilera ta souffrance.

C'est normal.

Personne ne te l'a jamais dit, mais *il s'agit de la vie*. Contrairement à ce que l'on peut penser, la vie n'est pas un long fleuve tranquille, mais une mer dont la surface est tantôt agitée, tantôt calme et lisse. Les bas sont normaux, tout comme les saisons : l'automne et l'hiver, durant lesquels la nature se meurt, laissent place au printemps, à la renaissance et à l'été. Tout comme le jour succède toujours à la nuit. Ce sont des cycles, des aléas.

J'ai traversé plusieurs périodes « noires » au cours de ma vie. L'une d'entre elles, la plus sombre, a eu lieu en 2018. Je ne voyais pas le bout du tunnel, plus rien ne m'exaltait depuis des mois, je ne parvenais à aucun de mes objectifs. Je me sentais perdue et acculée. J'avais envie d'en finir, j'envisageais le suicide comme la seule option possible, je commençais à y songer de plus en plus souvent, à imaginer la réaction de mes proches, à me visualiser en train d'effectuer *le geste fatal*. Je devenais morbide. Cet état de léthargie a duré, et au plus le temps s'égrenait, au plus je m'enfonçais dans mon chagrin. Et puis un beau jour, la tempête est passée. J'ai décidé de me relever, de cesser de m'apitoyer sur moi-même. J'ai trié tous mes objets, mes vêtements, comme une thérapie du renouveau et... je suis allée de l'avant en essayant d'être optimiste et de laisser le passé derrière moi. Un jour nouveau s'est levé. Mon enthousiasme est revenu peu à peu. J'avais touché le fond, le bout du bout, et je n'avais plus le choix. Soit j'abandonnais, soit je remontais péniblement à la surface. Le soleil a réapparu pour éclairer mon ciel.

Récemment, j'ai entendu une histoire qui m'a secouée et qui illustre bien cette métaphore des tempêtes et des accalmies. Lorsqu'Igor m'a quittée, je suis arrivée à Paris, un peu déboussolée. La plupart de mes amies étaient en couple. Certaines vivaient même avec leur conjoint. Un soir, je me suis rendue à un dîner avec cette impression que ma vie entière n'était qu'un échec : je ne faisais pas le métier que je souhaitais, ma vie amoureuse n'était qu'une immense plaie béante, je n'avais pas d'argent, pas de succès, je me sentais... nulle. Sur place, j'ai rencontré une femme, Nathalie. Alors que je m'épanchais sur mes malheurs, Nathalie m'a beaucoup réconfortée : « Tu sais, j'ai rencontré Arnaud récemment, au moment où je n'y croyais plus, et on va déménager à Lyon et se marier prochainement. Sois patiente, la roue finit toujours par tourner ». Les paroles de Nathalie m'ont apporté beaucoup d'espoir ce soir-là.

Quelques années plus tard, j'ai appris qu'Arnaud l'avait quittée du jour au lendemain, sans crier gare. Je me suis sentie désolée pour elle, et j'ai compris que c'est le propre de la vie de ne jamais emprunter un chemin linéaire. La vie est imprévisible, elle est tantôt ensoleillée, tantôt obscure, parfois un mélange des deux.

La route n'est jamais lisse, mais semée d'embûches.

Le ciel n'est pas toujours bleu, parfois, les nuages le grisent.

L'été n'est pas éternel, la terre a besoin des autres saisons pour se régénérer.

Même dans le tunnel le plus sombre, frappé.e par le découragement le plus intense, souviens-toi que *le soleil finit par briller*. Comme le dit si bien Sangaré Oumar, un écrivain et poète sénégalais : « Si longue et si noire que soit la nuit, il vient toujours une heure où enfin le jour se lève. »

Pour connaître les valeurs et le degré d'empathie d'une personne, ne te fie pas à la manière dont elle se comporte avec toi. Observe plutôt la façon dont elle traite son entourage. Parce qu'un jour, *tu feras peut-être partie de ces autres.*

Cette phrase, je l'ai écrite après avoir réfléchi à deux histoires au dénouement similaire. La première a eu lieu avec cet homme avec qui je suis restée plusieurs années au début de la vingtaine et que j'ai mentionné plusieurs fois pour illustrer certains propos. Parfois, j'observais son comportement avec les autres et je me rendais compte que celui-ci n'était pas correct. Par exemple, il parlait mal à son frère, le traitant d'abruti parce qu'il considérait qu'il n'était pas suffisamment ambitieux dans la vie. Un jour, au détour d'une conversation téléphonique, je l'ai entendu proférer « Mais maman, tu es conne ou quoi ?! C'est fou, bon sang, de ne rien comprendre à ce point-là ! ». Même s'ils étaient en désaccord, pour moi, aucune raison valable ne justifiait qu'il parle ainsi à sa mère. À ce moment-là, j'ai essayé de ne pas m'alarmer. Je me disais qu'il était ainsi avec ses proches, parce qu'il avait eu l'habitude d'être direct avec eux, et que l'on se permet une plus grande honnêteté, aussi douloureuse soit-elle, avec les membres de sa famille, ceux que l'on côtoie depuis toujours. De temps à autre, il médisait de nos amis communs, ou se moquait gratuitement de certaines personnes. Cependant, durant les années de notre relation, il ne s'est jamais montré condescendant avec moi et m'a toujours respectée. Ce que j'ignorais à ce moment-là, c'est qu'il me respectait parce qu'il me mettait sur un piédestal, mais qu'adviendrait-il de moi le jour où il se lasserait de ma personne ? Le jour où je ne serais plus entourée par un halo de lumière ? Ce jour est finalement arrivé.

Lorsqu'il m'a quittée, il a été odieux. Je ne le reconnaissais pas, il me méprisait et me reprochait des choses horribles, des faits qu'il avait, jusqu'alors, enfouis en lui. « De toute façon, tu as un problème affectif et même sexuel, il faut que tu ailles te faire soigner. Et puis tu es beaucoup trop sensible, une dépressive », ainsi que des inepties relatives à mon physique « chaque fois que tu mets du mascara, on dirait un panda, c'est une catastrophe ». Pourtant, notre rupture n'était pas censée être violente, il faisait le choix de me quitter et je l'acceptais, à contrecœur. Il n'était pas obligé de se défendre et de m'envoyer des saloperies à la figure. C'est là que j'ai compris qu'il était fondamentalement ainsi avec tout le monde, mauvais : dès lors qu'il ne vouait pas une admiration à une personne, il se permettait de la descendre gratuitement. J'aurais pu le savoir dès le début de notre relation, j'aurais pu déceler son véritable fond rien qu'en observant la manière avec laquelle il méprisait sa mère et son frère, dont il était pourtant proche.

Il m'est arrivé une histoire similaire il y a six ou sept ans. J'ai rencontré un homme sur une application. Notre relation n'a pas duré, mais dès le début, je sentais la cruauté émaner de sa personnalité, comme une odeur pestilentielle qui s'échappe d'une poubelle : *il avait un mauvais fond*. Celui-ci se décelait parfois dans certaines remarques agressives qu'il proférait à l'égard des autres, de la manière dont il parlait de son ex-copine, avec violence et méchanceté. Il me traitait pourtant comme une reine, parce qu'à notre rencontre, il était subjugué. Mais, dès lors que notre histoire a commencé à péricliter, il s'est mis à devenir de plus en plus irrespectueux à mon égard, allant jusqu'à... me ghoster. Je n'avais plus de valeur à ses yeux à ce moment-là, pourquoi se serait-il embarrassé à me respecter en me quittant avec une explication franche ? Dans le fond, je savais de quoi il était capable depuis le début. J'ai juste choisi de faire l'autruche, par vanité, parce que je pensais que jamais il ne se comporterait de la sorte avec moi.

Tu n'es pas trop exigeant.e, tu n'as juste pas encore rencontré la personne qui te correspond.

On a peur d'aimer, de revivre les mêmes situations, de répliquer des schémas néfastes. Si seulement on pouvait s'abandonner en oubliant nos tourments passés. Se rappeler que chaque personne, chaque situation est différente.

L'amour fait peur. Et s'abandonner aux sentiments est encore plus effrayant lorsque notre expérience personnelle a été polluée par des histoires douloureuses. Cela peut être des échecs, ou ce que l'on considère comme tel : des ruptures sans préavis ou dénuées de signes avant-coureurs, des mots blessants échangés lorsqu'une relation s'étiole, des personnes qui s'évaporent sans se donner la peine de formuler une explication, l'être aimé qui se mue en étranger sans crier gare.

J'ai vécu bon nombre de relations traumatiques, qui m'ont laissé en bouche, un goût amer.

Je songe à cet homme en qui j'avais confiance qui m'a trompée puis m'a quittée du jour au lendemain, alors qu'il disait m'aimer.

À celui qui se rapprochait de moi pour disparaître du jour au lendemain, plusieurs fois d'affilée.

À ceux qui ont couché avec moi pour s'évanouir dans la nature.

Ou encore à celui qui me murmurait des mots doux et des promesses brumeuses qui jamais ne se matérialisaient...

Évidemment, il faut apprendre des leçons des situations passées. Mais mettre son expérience à profit ne signifie pas se fermer ou se recroqueviller dans sa carapace à la moindre incertitude.

Tu penses peut-être avoir surmonté le traumatisme de certaines ruptures ou déconvenues, mais finalement, une empreinte te reste et cette empreinte t'empêche d'aller pleinement de l'avant.

Lorsque tu t'engages dans une nouvelle relation, tu as peur de te lâcher complètement ou de baisser la garde parce que tu préfères te préparer à un abandon ou à un rejet potentiel, minimiser le bonheur par crainte de la douleur.

Alors tu aimes, avec les poings levés devant le visage, comme un boxeur qui cherche à se protéger d'un coup.

Tu peux avoir peur d'aimer et ne pas être aimé.e en retour.

Tu peux avoir peur de t'engager pour finir par déchanter.

Tu peux avoir peur parce que tu te sens vulnérable : être dans une relation signifie souvent se mettre à nu et partager tes émotions les plus profondes.

Tu peux avoir peur d'accorder ta confiance sans avoir de garanties.

Tu peux avoir peur de ne pas être à la hauteur.

Tu peux avoir peur de ne pas être compatible et de découvrir que vous n'avez pas assez de points communs pour que la relation avec cette personne fonctionne sur le long terme.

Tu peux avoir peur de l'inconnu : tu ne sais pas ce que l'avenir te réserve.

Tu as le droit d'avoir peur, la peur est humaine, normale. Mais n'oublie jamais que...

Tu n'es pas ton passé.

Tu n'es pas tes « échecs » passés.

Tu n'es pas tes ruptures passées.

Ton futur ne sera pas une copie de ton passé.

On s'accroche à ceux qui ne nous aiment pas vraiment...

Lorsqu'on ne s'aime pas suffisamment.

On m'a toujours dit que pour pouvoir aimer et être aimé, il fallait d'abord s'aimer-soi. J'étais jeune, je ne comprenais pas. Je ne voyais pas vraiment le lien entre les deux. J'avais aimé, j'étais tombée amoureuse. Pourtant, je ne m'aimais pas forcément beaucoup. Je ne me trouvais ni jolie ni intéressante. Mais j'avais des relations. Parce que j'avais envie d'être aimée. Certaines étaient épanouissantes. D'autres boiteuses. Et je ne percevais aucun lien entre la faible estime que j'avais de moi et ces relations amoureuses. Pourquoi n'aurais-je pas le droit d'aimer et de me donner corps et âme dans une histoire, moi aussi ? Je trouvais ce postulat injuste et cruel.

Par la suite, j'ai compris ce que le manque d'amour-propre causait à mes relations. Cette brèche me faisait accepter n'importe quoi, tout, pourvu que je sois aimée.

Et cela m'a conduit à faire des choses graves ou insensées.

Je ne parvenais pas à m'affirmer.

Mes blessures d'amour-propre m'ont fait plonger dans les bras d'un type qui se moquait de moi, qui me fuyait puis revenait me chercher à sa guise, lorsqu'il avait besoin d'une distraction.

Mes blessures d'amour-propre m'ont poussée à me conformer à ce qu'un de mes ex-conjoints attendait de moi, parce que c'est ainsi qu'il voulait que je sois.

Je me suis laissé aller à des choses que je n'avais pas forcément envie de faire avec des hommes, parce que j'avais peur de les perdre, et que finalement, les garder près de moi comptait plus que ma propre personne et mon épanouissement personnel.

Lorsque quelqu'un me faisait du mal, j'étais incapable de riposter ou de déceler le caractère toxique pour décider de m'éloigner.

Alors je restais bloquée dans un cercle vicieux : au moins je m'aimais, au plus on me maltraitait psychologiquement, et cette maltraitance entachait davantage mon estime de moi.

Tu as peut-être l'impression de manquer de fermeté ou d'authenticité dans tes relations ou de ne pas oser communiquer clairement tes besoins et tes attentes à l'autre personne.

Tu as peut-être l'impression que, parfois, la personne avec qui tu es ne te respecte pas, ou que tu peines à t'affirmer ou à t'exprimer librement.

Je te dirais simplement de faire attention à toi et de te préserver.

Et de cultiver ton amour-propre, toujours, sans relâche, *surtout* quand tu tombes amoureux.se.

Privilégie toujours ton bien-être et tes ressentis.

Ne laisse pas une autre personne faire de toi une parenthèse dans sa vie, à ouvrir et fermer au gré de ses envies.

Ils la conservaient à portée de main pour assouvir leurs pulsions sexuelles grâce à des contacts sporadiques qui l'emplissaient d'espoir. Dépourvue d'amour-propre, elle ne rompait jamais les relations. Elle quémandait davantage, de l'attention, une étreinte, un baiser, mais ils s'éloignaient, rassasiés, jusqu'au prochain coup de téléphone.

On est souvent déçu par ceux qui nous ont déjà déçus...

Dans maintes relations de mon passé, j'ai accepté des miettes. Les miettes que l'on me jetait au sol. Comme un pigeon affamé, je les ramassais, avide d'amour.

À la faculté, j'ai rencontré un étudiant, Jérémy. Le courant est passé très vite entre nous. Nous apprenions à nous connaître. Un jour, Jérémy m'a proposé un rendez-vous que je me suis empressée d'accepter. La veille du jour J, il m'a écrit un message pour annuler en m'expliquant qu'en réalité, ce n'était pas une bonne idée et qu'il n'avait pas la tête à se consacrer à une relation en ce moment. J'étais dépitée et je ne comprenais pas, d'autant plus que quelques jours plus tard, il s'affichait au bras d'une jolie femme. Je l'ai oublié tant bien que mal.

Six mois après, Jérémy est revenu vers moi et m'a présenté ses excuses : il avait pris peur et regrettait énormément son comportement. J'ai accepté de lui accorder une deuxième chance. Nous nous sommes à nouveau rapprochés, jusqu'au paroxysme... Et, du jour au lendemain, Jérémy a coupé les ponts et m'a rejetée violemment.

Quelques mois plus tard, Jérémy a refait surface et s'est à nouveau excusé. Et devine quoi ? *J'ai succombé, encore...* oui, oui. Évidemment, que s'est-il passé ? Jérémy m'a terriblement déçue, une fois de plus.

Tout ça pour dire que pendant longtemps, j'ai accepté ce que l'on me donnait sans broncher parce que :

J'étais convaincue que je ne méritais pas mieux.

Je n'arrivais pas à être ferme, j'étais faible et donc malléable.

Je trouvais qu'« un peu » était mieux que « rien du tout ».

J'avais l'espoir (et la prétention peut-être ?) de parvenir à faire changer l'autre, avec le temps.

Mais j'ai finalement compris qu'en agissant ainsi, je me positionnais en attente. En attente de plus, de quelque chose que je n'osais pas exprimer. Et surtout, il y avait un déséquilibre, car j'aurais aimé côtoyer cette personne davantage, mais celle-ci n'avait pas de temps à me consacrer, comme avec le fameux Victor évoqué précédemment. *Cette personne ne m'estimait pas suffisamment.* Et elle me cueillait quand bon lui semblait, j'étais à sa disposition, tel un objet qu'on utilise de temps à autre. Non seulement cette situation engendrait beaucoup de frustrations de mon côté, mais en plus, je perdais confiance en moi parce qu'à chaque fois que la personne se manifestait, j'étais heureuse, et lorsqu'elle disparaissait brutalement, je me posais mille et une questions et je doutais énormément de moi.

Alors n'oublie pas ces quelques préceptes :

- ☐ Tu as le droit d'être ferme et dire ce que tu veux et ce dont tu as besoin.
- ☐ Si une personne te déçoit deux fois, il y a de fortes chances que vous n'ayez pas les mêmes valeurs.
- ☐ Tu n'es pas un objet interchangeable et utilisable selon le bon gré d'une autre personne, tu es TOI.
- ☐ Une personne qui te jette et te reprend n'a pas d'empathie, elle ne se préoccupe pas de ton ressenti, mais uniquement du sien et de ses propres besoins.
- ☐ Si tu veux le gâteau entier, refuse la demi-part que l'on te propose.

Et la conclusion est la suivante : tu mérites forcément mieux que ce genre de personnes dénuées de cœur.

Arrête de penser que tu ne le mérites pas.

Les blessures du passé nous tourmentent au présent.

Elles s'insinuent en nous pour venir polluer notre esprit.

Ce sont elles qui nous font hésiter à poursuivre nos rêves.

Ce sont encore leurs voix nasillardes que l'on perçoit lorsqu'on échoue.

Le syndrome de l'imposteur.

L'impression de ne pas être à la hauteur.

Le doute perpétuel qui nous accompagne et nous entrave au moindre accomplissement.

On se sent coupable. Pas assez. Trop. Ou indigne d'être aimé.

Lorsqu'on est choisi, on pense qu'il s'agit d'une erreur.

On n'ose y croire.

Et pourtant.

Tu mérites de réussir ce que tu entreprends.

Tu mérites de croire que ce que tu souhaites se produira.

Tu mérites de parvenir à ton objectif.

Tu mérites d'être avec quelqu'un de bien.

Tu mérites d'être aimé.e.

Tu mérites d'être apprécié.e à ta juste valeur.

Tu mérites qu'on te traite avec respect.

Tu mérites qu'on t'écoute quand tu parles.

Tu mérites qu'on te fasse confiance.

Tu mérites qu'on prenne soin de toi.

Tu mérites de t'aimer sans concessions.

Tu mérites de prendre soin de toi.

Tu mérites d'être heureux.se.

Tu mérites de rencontrer cette personne incroyable.

Tu mérites d'être entouré.e.

Tu mérites d'être avec *cette* personne.

Tu mérites d'obtenir cet emploi ou cette prime.

Tu mérites d'être aimé.e et apprécié.e à ta juste valeur.

Tu mérites ce succès.

J'ai mis du temps à comprendre que ma valeur provient de mon intérieur.

Toutes ces fois où j'ai été rejetée.

Ignorée.

Quittée.

Ces fois où j'ai eu l'impression que les autres se moquaient de moi ou ne me prenaient pas au sérieux.

Ces fois où la personne avec qui je voulais être ne me trouvait pas suffisamment intéressante.

Ces fois où on ne m'a pas rappelée après un rendez-vous.

Ces fois où on m'a dit « ce n'est pas toi, c'est moi », mais que j'ai intégré l'opposé.

Ces fois où je me suis sentie coupable.

Ces fois où on m'a blessée avec des mots aussi tranchants que des lames.

Je me suis sentie toute petite, pas à la hauteur, nulle, indigne, insuffisante.

Parce que je cherchais ma valeur dans le regard des autres, dans ce qu'ils me donnaient. Et s'ils ne me donnaient rien, alors je me sentais vide.

Et puis j'ai compris.

Que rien de ce qu'un autre dit ne doit te rabaisser plus bas que terre.

Que tes réussites et tes échecs ne déterminent pas ta valeur.

Tu es ce que tu es, pas ce que les autres disent de toi.

Tu veux ce que tu vaux, pas ce que les autres estiment que tu vaux.

Tu es comme tu es, et tant pis s'ils ne remarquent pas ton étincelle.

La personne qui veut vraiment être avec toi le sera.

Il n'y a pas de hasard.

Il n'y a pas de rendez-vous manqués.

Il n'y a pas de signaux insuffisants.

Il n'y a pas d'incompréhension.

Si tu t'es manifesté auprès de quelqu'un et que cette personne ne te revient pas, il y a une raison.

Longtemps, j'ai cru qu'envoyer un signe de plus ferait venir cette personne à moi. Qu'insister un peu, tenter le tout pour le tout, dessillerait ses yeux.

Que le fait de la croiser quelque part me la ramènerait.

Elle prendrait alors conscience qu'elle ne pouvait pas être sans moi.

Alors, j'ai attendu avec espoir, parce que je ne pouvais pas croire que c'était fini.

J'ai attendu un soubresaut, un signe, une suite.

Mais la vérité, c'est que *la personne qui veut vraiment être avec toi le sera.*

Il n'y aura pas d'hésitation éternelle.

Il n'y aura pas d'excuses.

Il n'y aura pas de dérobades.

Il n'y aura pas de volte-face.

Il n'y aura pas de « peut-être » et de « tu comprends » ou de « je ne sais pas trop ».

Si la personne que tu convoites n'est pas avec toi, il y a une raison.

Ne perds pas ton temps à attendre après un.e indécis.e, la vie est trop
précieuse.

On est rejeté, éconduit et tout de suite, on se blâme en songeant que *la faute nous revient forcément.* On n'est « pas assez bien » pour l'autre. En fait, le problème ne vient pas de nous : certaines personnes ne savent simplement pas déceler notre valeur.

Tu n'as pas été trop entreprenant.e. Trop authentique. Trop impatient.e. Trop enjoué.e. Trop rapide. Trop amoureux.se. Trop mielleux.se. Trop présent.e. Trop honnête. Tu as été toi-même. Et l'autre n'était juste pas suffisamment disponible.

Combien de remises en question ?

J'ai été trop impatiente, trop amoureuse, trop « à fond », trop passionnée, j'ai dévoilé mes sentiments alors que je n'aurais pas dû, je suis allée trop vite, je lui ai fait peur, je n'aurais pas dû dire ça, et si je m'étais tue, dans quelle réalité évoluerais-je aujourd'hui ?

Et peut-être qu'il a réagi ainsi parce que je me suis montrée trop enthousiaste, j'aurais dû réfréner mon engouement oui, me montrer froide, un peu distante, ne pas laisser paraître ce que je ressentais pour le faire mariner, semer le doute en lui, me montrer plus indépendante, disparaître quelques jours pour le titiller, laisser s'écouler beaucoup plus de temps entre deux messages, arrêter de répondre du tac au tac, attendre qu'il se décide à proposer, ne pas lui dévoiler la vraie nature de mes sentiments, faire semblant de m'en contrefoutre royalement.

Combien de ruminations comme celles-ci ai-je développées, le soir, tard dans mon lit, quand l'histoire que je vivais n'avait pas fonctionné et que je me reprochais d'avoir été « trop » ?

Avec les années, j'ai réalisé à quel point ces croyances étaient fausses, la société nous les avait inculquées : l'homme doit proposer et la femme disposer. L'homme peut être entreprenant, en revanche, la femme ne doit pas se montrer trop amourachée. Ces postulats sont pour moi de pures constructions sociétales, des conditionnements qui, heureusement, tendent à s'effacer.

Je me rappelle d'une de mes amies qui fréquentait depuis peu un homme rencontré sur son lieu de travail. Le nouveau couple ne se quittait plus et, au bout de deux semaines, elle a proposé à Cédric un week-end en Bretagne. Cédric a pris peur, s'est éloigné et a fini par rompre. Mon amie n'a pas vraiment eu d'explication précise sur la raison de la rupture, mais nous avons vite saisi la vérité : Cédric avait été effrayé par sa proposition, qu'il considérait comme prématurée.

De fait, il se disait qu'elle était probablement plus attachée à lui que lui ne l'était, et il a préféré couper court à la relation.

Au départ, mon amie a regretté de lui avoir suggéré ce week-end. Jeune et pas très mature, je ne pouvais que confirmer : « tu lui as sûrement fait peur, tu aurais dû attendre qu'il t'envoie des signaux avant de te dévoiler, quand même… » Et puis, j'ai réalisé au fil des années à quel point mes paroles étaient erronées.

À moins de se comporter comme un psychopathe, de camper devant la fenêtre de son ou sa prétendante, d'insister désagréablement, de verser dans le harcèlement moral, il n'y a pas besoin de se réfréner constamment en amour. Pour moi, le couple est semblable à une danse au cours de laquelle il convient d'aller à peu près au même rythme que son partenaire. Parfois, quand les premiers pas sont harmonieux, on peut donner le tempo en proposant (un week-end, comme mon amie l'a fait), puis on peut décider de se laisser porter durant un temps. Évidemment, si la personne reste sur le pas de la piste et que l'on tente de l'entraîner de force, elle manifestera une certaine résistance. Et si en étant authentique, on est rejeté, c'est simplement que la personne en face ne manifestait pas un si grand intérêt pour nous.

Mon amie n'avait pas à se reprocher d'avoir proposé un week-end à Cédric, elle s'était montrée telle qu'elle est : force de proposition, passionnée. Et Cédric n'était simplement pas assez intéressé. Next.

Certaines personnes, certains visages, on ne les oublie jamais. On se contente de vivre avec.

On est toujours plus fort et plus résilient que ce que l'on croit. On survit, on s'adapte à tout. Même aux mauvaises surprises, à ces fois où l'on tombe de haut et celles où on déchante. On surmonte.

J'ai cru mourir des millions de fois.

De honte.

De chagrin.

De désespoir.

D'embarras.

De douleur.

D'impuissance.

De frustration.

De rage.

D'injustice.

De déception.

Je me suis sentie trahie.

Blessée.

Vide.

Faible.

Désabusée.

Dévastée.

Mal.

Incapable d'avancer.

Incapable de faire face.

Et pourtant, je suis toujours là.

                              En vie, mon cœur bat.

                                                    J'ai survécu.

Tu as aimé *Résilience* ?

Peux-tu me laisser un avis sur Amazon ?
Ton aide me sera très précieuse !
C'est très très important : cette petite action compte beaucoup pour moi.
Cela ne te prendra que deux minutes. Il te suffit **de scanner ce QR code** pour atterrir directement sur la page Amazon qui permet de donner ton avis.

Merci infiniment ! Grâce à toi, *Résilience* bénéficiera de plus de visibilité.

Bises

Hanna

Scanne avec ton smartphone (appareil photo) pour laisser un avis

Les illustrations contenues dans ce livre ont été réalisées par ma sœur Sarah Anthony.

Pour en savoir plus sur Sarah, c'est par ici :

Site internet : https://sarahanthonyfineart.com/

Instagram : @sarahanthony.arttt et @sarah_.anthony

Printed in France by Amazon
Brétigny-sur-Orge, FR